ITINÉRAIRE

DE

LA FAMILLE RAUCOURT

DEPUIS LE DÉBUT DES ENFANTS.

A AGEN, 25 septembre 1851.

Cette première épreuve, à laquelle assitait M. Paul de Preissac, Préfet de Lot-et-Garonne, est saluée par des bravos et les encouragements les plus flatteurs. A ce sujet nous reproduisons les quelques lignes de M. de Preissac à M. Raucourt :

MONSIEUR RAUCOURT,

Je n'ai pas oublié les sympathies que mon père et mon cousin, M. Léon de Malleville, ont toujours eues pour vous, depuis votre séjour à Bordeaux : j'ajoute à ce souvenir, mes félicitations sincères pour la manière honnête avec laquelle vous dirigez vos enfants dans la carrière dramatique. Votre fille, votre fils, et les deux petits ouvrages que nous avons vus hier, si gracieusement exécutés par eux, nous ont fait le plus grand plaisir.

Agréez, etc.　　　P. DE PREISSAC,
Préfet de Lot-et-Garonne.

A PÉRIGUEUX, fin novembre 1851.

Raucourt et sa famille jouent deux représentations. L'*Echo de Vésone* consacre un article des plus élogieux aux deux enfants.

Lettre de M. le Préfet de la Dordogne à M. Raucourt.

MON CHER M. RAUCOURT,

Vous avez le projet de parcourir mon département, et de donner des soirées dramatiques avec vos charmants enfants. J'approuve fort cette intention, et j'en félicite mes administrés à qui vous ferez passer d'agréables instants. Cette lettre, au cas où vous croiriez avoir besoin d'une recommandation, vous suffira auprès des autorités et des bons amis que je compte parmi mes compatriotes.

Agréez, je vous prie, etc.   A. DE CALVIMONT,
Préfet de la Dordogne.

A RIBERAC, 12 décembre 1851.

Après quatre représentations, le journal du pays, le *Libéral Napoléonien,* fait deux fois l'éloge des enfants de Raucourt.

Lettre de M. le Sous-Préfet de Riberac.

MON CHER MONSIEUR,

Nous nous empressons, ma famille et moi, de vous exprimer le plaisir que vos enfants nous ont fait éprouver. Revenez, et n'oubliez pas que nous serons toujours heureux de vous revoir, de vous donner des preuves de sympathie, et pour le choix de vos petits ouvrages, et pour la manière dont ils sont exécutés.

Recevez, etc.   LOUIS ROBERT,
Sous-Préfet de Riberac.

A BARBEZIEUX, 29 décembre 1851.

Après deux représentations.

Lettre de M. le Sous-Préfet à M. Raucourt.

MONSIEUR,

Laissez-moi vous donner un témoignage de satisfaction pour les deux représentations que vous et vos enfants venez d'exécuter sur notre petit et très froid théâtre. Votre petite famille si intéressante, si délicieuse, nous fait regretter que votre départ soit si précipité. Revenez avec le même personnel, et un répertoire aussi heureusement choisi, et nous vous accueillerons avec le même empressement.

Agréez, etc.   PÉBEYER,
Sous-Préfet de Barbezieux.

A JONZAC, 8 février 1852.

Après trois représentations, une pièce de poésie est adressée à la famille Raucourt par un Ministre protestant et est imprimée dans le journal *la Sévigné*. Nous n'en citerons que les quatre derniers vers. — En parlant des enfants :

Ah ! que ces douces fleurs bientôt s'épanouissent,
Que leurs si doux parfums encor nous réjouissent,
Et nous leur donnerons, pour prix de leurs travaux,
Nos cris d'enthousiasme et nos mille bravos !

FEIN.

M. le Sous-Préfet Boffinton appose son visa sur les deux premiers ouvrages manuscrits, faits pour les enfants.

A PONS, 13 janvier 1852.

La famille Raucourt est admise au grand Collége de cette ville ; elle y donne deux soirées.

Lettre du Supérieur à M. l'abbé DUMAS, Supérieur du Séminaire de Richemon.

MONSIEUR ET HONORÉ CONFRÈRE,

Laissez-moi vous recommander d'une manière toute particulière M. Raucourt, artiste dramatique d'un rare talent: c'est une vraie bonne fortune pour nous qui ne pouvons aller entendre ces grands artistes où ils se trouvent ordinairement, que de les voir venir à nous.

Maîtres et élèves, à Pons, nous avons été ravis. Jamais assurément nous n'avons vu rien de pareil. C'est une excellente leçon de déclamation et un amusement délicieux tout ensemble que nous devons à M. Raucourt et à ces intéressants enfants. C'est vous dire que M. Raucourt ne ressemble en rien à cette foule d'industriels qui nous exploitent trop souvent, et qui ne nous laissent que la satisfaction d'avoir fait une œuvre de charité. Il n'en peut être de même avec ce loyal artiste.

Adieu, mon cher et honoré confrère, etc.

BOUDINET, *Ch. S.*

A SAINTES, 16 janvier 1852.

Le 19, la famille joue au Collége.

Lettre du Principal.

MONSIEUR RAUCOURT,

Vous nous avez fait passer une soirée délicieuse. Je vous en remercie pour moi, pour ceux de mes collaborateurs qui ont eu le plaisir de vous entendre, et particulièrement pour mes internes qui n'oublieront pas de longtemps votre *Diogène*, votre *Enfer*. Je dis votre, parce qu'il me paraît presque impossible de voir jouer cela mieux que par vous.

Les heureuses dispositions de vos charmants petits enfants, cultivées par un maître tel que vous, promettent à la scène des artistes accomplis. Leur physionomie, leur assurance, leur jeu nous ont charmés. Si vous donnez suite au projet que vous avez conçu, et que vous veniez nous voir, l'année prochaine, permettez-moi de vous engager à nous dire quelques beaux passages du *Misantrope*, d'*Esther*, d'*Athalie*, de *Britannicus*, du *Cid*, de *Cinna* et de *Polyeucte*, rendus avec âme comme vous le savez faire ; cela nous aiderait puissamment à inspirer aux jeunes gens le goût de la belle littérature, et partant vous leur rendriez, et à nous-mêmes, un service inestimable.

Recevez, Monsieur, etc.

SURRAUTH, *Principal*.

MÊME VILLE.

Le 21, au Séminaire, une représentation.

Lettre du Chef d'institution.

MONSIEUR,

Nous avons été enchantés de la soirée que vous nous avez donnée. Maîtres et élèves nous vous remercions beaucoup. Nous sommes heureux de confirmer les témoignages flatteurs des divers établissements qui vous ont reçus en famille et qui nous ont paru si bien mérités.

J'ai l'honneur, etc.

DUBREUIL, *Chef d'institution*.

Une seconde soirée a été accordée à M. Raucourt par M. Dubreuil.

MÊME VILLE.

Le 22, au pensionnat de M. Amouroux.

MONSIEUR,

Ce n'est pas assez de vous offrir des honoraires pour l'agréable représentation que vous nous avez donnée hier.

Je vous remercie en mon nom, et en celui de mes élèves,
et de plusieurs amis qui faisaient partie de notre soirée.

Vous avez, Monsieur, justifié la grande réputation que
vous vous êtes acquise si honorablement à Paris ; vos charmants enfants nous ont fait en outre un plaisir infini.

Agréez, je vous prie, etc.

AMOUROUX.

MÊME VILLE,

Au Salon littéraire.

M. Vallein, rédacteur de l'*Indépendant,* fait, dans le
numéro de son journal du 24 janvier, l'éloge des enfants. Nous ne reproduisons que quelques lignes :

Le succès des enfants de Raucourt a été complet. La
jeune fille et le petit garçon âgé de cinq ans, dans *les Enfants sans les parents,* ont excité le plus vif enthousiasme.
Il est impossible d'avoir plus de naturel et d'aplomb que
cet enfant, plus petit que les garçons de son âge ; il a été
charmant de vérité, de pose, de costume dans le person-
nage de *Napoléon,* avec le petit chapeau, l'habit exact, le
pantalon de casimir blanc, les bottes à l'écuyère, la lor-
gnette et la prise de tabac. Mais il a excité surtout un fou
rire dans le jeune *Joli-Cœur,* soldat d'Afrique, racontant
ses prouesses et rapportant la barbe d'*Abd-el-Kader.* De
continuels applaudissements ont récompensé ce talent si
précoce, etc.

SAINT-JEAN-D'ANGELY, 30 janvier 1852.

Sous la recommandation toute spéciale de M. Ville-
réal, Sous-Préfet, M. Raucourt et sa famille donnent
trois soirées dans la ville, deux au salon (ancien) et une
chez M. Jamin pour les maisons d'éducation de la lo-
calité.

Lettre de ce dernier.

Monsieur,

Permettez-moi de vous exprimer toute la satisfaction que nous avons éprouvée de la délicieuse soirée à laquelle nous avons assisté. C'est un de ces moments si rares dans la vie que l'on ne peut l'oublier. Les pères et les mères de famille, réunis à notre petit troupeau, que vous avez vu si joyeux, si heureux, se sont retirés en s'entretenant d'abord du père, l'inimitable artiste qui sait si bien passer du grave au doux, du plaisant au sévère, et pénétrer les spectateurs suspendus à ses lèvres, des sentiments qu'il exprime avec tant de mobilité et de vérité, par une transition toute naturelle.

Arrivons à son Armand, à cet enfant extraordinaire. On ne pouvait tarir sur l'aplomb, la diction pure, les réparties vives, la gracieuse pantomime de ce petit bijou de la nature, si prodigue à son égard de tant de dons précieux. Quelle intelligence en effet, quelles intentions malignes dans cette petite pièce : *les Enfants sans les parents !* Quel air décidé dans son rôle de *Joli-Cœur !* Votre charmante Vierge de Vaucouleurs, Mlle Raucourt, mérite aussi sa part d'éloges et de remerciements. Timide comme elle doit l'être au commencement de ce récit, bientôt elle s'anime en songeant à la mission divine qu'elle doit accomplir, et heureuse d'avoir atteint son but, elle marche au bûcher avec la conscience et la satisfaction d'avoir délivré la France du joug odieux de l'étranger.

Vous êtes donc, Monsieur, un heureux père, et la direction que vous donnez à vos enfants prouve combien vous avez à cœur d'en faire des artistes d'une catégorie hors ligne.

Vous réussirez sans nul doute, Monsieur, et en cela vous n'aurez qu'à aider la nature, si bonne mère à leur égard.

J'ai l'honneur d'être, avec la plus vive reconnaissance, etc.

—JAMIN, *Maître de pension.*

MÊME VILLE.

Lettre de M. le Directeur de l'École communale de Saint-Jean-d'Angely, à M. BRAUD, Maître de pension, à Rochefort.

MONSIEUR,

J'ai assisté hier au soir, avec mes élèves, à l'une des représentations données dans notre ville par M. Raucourt et ses intéressants enfants, pour nos maisons d'éducation. Le petit Raucourt surtout est d'une intelligence remarquable; il a émerveillé les spectateurs qui, tous, lui ont donné de nombreux applaudissements.

Je ne saurais trop vous engager à vous procurer, ainsi qu'à vos élèves, le plaisir de voir jouer M. Raucourt, qui est non seulement un artiste distingué, mais encore un homme de bien; il en a donné des preuves bien senties ici, en admettant à ses soirées les enfants pauvres sans aucune rétribution.

Vous apprécierez, plus que tout autre, la grandeur d'âme de cet artiste, et vous n'aurez qu'à vous féliciter d'avoir fait sa connaissance.

Adieu, mon cher, etc.   J. BAGIER.

A CHARENTE, 8 février 1852.

Soirée chez M. Raffin, Abbé.

Lettre à ce sujet de M. RÉTIF, Curé de Charente.

MONSIEUR,

Nous nous associons de grand cœur à MM. Boudinet, Dubreuil, etc., pour faire l'éloge de vous et de vos charmants enfants. Votre soirée à la maison dirigée par M. l'Abbé Raffin, a été complète, sous le rapport du choix des morceaux, du style naïf des ouvrages et du bon goût de l'exécution.

Vous nous avez fait tous trois le plus grand plaisir.

Recevez, Monsieur, etc.

RÉTIF, *Curé à Charente.*

A ROCHEFORT, 10 février 1852.

Séance chez M. Braud, Maître de pension.

MÊME VILLE.

Deux séances à l'Ecole communale, pour les enfants du Collége.

MONSIEUR,

M. Raucourt ayant obtenu du Maire de Rochefort l'autorisation de donner deux représentations pour les maisons d'éducation de la ville, dans l'Ecole communale que je dirige, j'ai à cœur de lui témoigner, ainsi qu'à ses intéressants enfants, tous les plaisirs que mes élèves et moi avons éprouvé, en les voyant jouer.

Ce spectacle moral et de bon goût laissera une impression profonde dans les cœurs de nos enfants, et nous félicitons l'artiste et le père sous le double rapport du désintéressement et de l'heureuse composition de ses petits ouvrages.

THIERRY, *Directeur de l'Ecole communale.*

MÊME VILLE.

Une fois au Salon, pour les pauvres.

LA ROCHELLE, 28 et 29 février.

Deux soirées au théâtre de cette ville.

Le *Rochelais,* journal, consacre une demi-colonne à l'éloge des représentations de M. Raucourt.

MÊME VILLE.

Permission donnée par M. Beaussant, Maire, de jouer à l'Ecole communale, dirigée par M. Thomas, pour les élèves du Collége et MM. les Ecclésiastiques Fradin, Thibaut, Brassaud, Petit, Chartier, etc.

M. de Brian, Préfet du département, place son nom en tête des adhérents.

ILE DE RÉ, fin mars 1852.

M. Martineau, Curé à Ars, donne une obligeante impulsion aux représentations données par la famille Raucourt. Grâce à cet exemple donné par un des plus dignes Ecclésiastiqnes du diocèse, les artistes donnent seize soirées dans l'île en trente-deux jours.

A MARANS, 15 avril 1852.

M. Chabot, Curé, aide M. Raucourt de toute sa bienveillance, en faveur de l'estime que l'artiste s'est déjà acquise.

ILE D'OLERON, 14 juin 1852.

Au Château, dans la salle de l'Ecole communale, M. Raucourt donne une soirée toute spéciale pour M. Jossier, Curé.

Lettre de ce digne Pasteur à M. BRASSAUD, Curé de Marennes.

BIEN CHER MONSIEUR LE CURÉ,

Je prends la liberté de recommander à votre bienveillance M. Raucourt, artiste dramatique du théâtre de la Porte-Saint-Martin à Paris, lequel, avec son jeune fils âgé de cinq ans, et sa demoiselle âgée de douze ans, donne de petites représentations dont toutes les pièces sont épurées et auxquelles les plus jeunes enfants peuvent assister sans danger.

Il donne des soirées particulières auxquelles les Ecclésiastiques peuvent assister. Son but est tout à fait moral, et ce bon Monsieur, plein de talent, ainsi que ses enfants, a obtenu les encouragements les plus flatteurs de plusieurs prêtres de notre diocèse avec qui j'en ai causé pendant mon petit séjour à La Rochelle et à Rochefort.

Il nous a fait beaucoup de plaisir au Château, et son petit garçon est tout à fait étonnant pour son âge. Je serais heureux d'apprendre que ma recommandation aura été de quelques poids auprès de vous, et vous aura décidé à faire bon accueil à cet artiste de conduite et de talent et à lui être favorable.

Veuillez, etc.   JOSSIER, *Curé.*

A MARENNES, 27 juin 1852.

Deux soirées sont données par la famille Raucourt à Messieurs les Ecclésiastiques de cette ville, entr'autres pour le prédicateur venu de La Rochelle pour prêcher là saint Pierre.

Lettre de Monsieur BRASSAUD, Curé de Marennes, au Curé de la Tremblade.

MONSIEUR ET VÉNÉRABLE CONFRÈRE,

Monsieur Raucourt, porteur de cette lettre, est un artiste de grande réputation ; il a donné à Marennes plusieurs soirées qui ont été très goûtées par tout ce qu'il y a de mieux, et tout le monde peut y assister avec toute sécurité. Il est secondé par ses deux enfants qui sont tout-à-fait intéressants ; il mérite d'être encouragé dans son entreprise, il

est porteur des meilleurs certificats de M. Boudinet et autres. Je ne puis donc mieux faire que de le recommander à
votre bienveillance et vous engager à lui faciliter les moyens
de donner quelques-unes de ces soirées qui font tant de
plaisir. Il donne quand on le veut des soirées particulières,
auxquelles vous et vos amis pourront assister sans nul in-
convénient.

Agréez, Monsieur et digne Curé, etc.

BRASSAUD, *Curé archiprêtre.*

MÊME VILLE.

Le journal de Marennes fait à deux fois différentes
l'éloge de la famille.

MÊME VILLE.

Recommandation de M. le Sous-Préfet de Marennes
à M. le Préfet du département de la Gironde.

Monsieur le Préfet,

Sous ce même pli, M. Raucourt, artiste dramatique, vous
adresse une demande à l'effet d'être autorisé à donner, avec
sa jeune famille, quelques soirées à Bordeaux, dans la salle
de l'Athénée. M. Raucourt n'est pas seulement un artiste de
mérite, ayant obtenu à Paris de grands et légitimes succès,
mais c'est aussi un excellent père de famille, atteint dans
sa position par les désastres qui, après février, frappèrent
les théâtres de Paris, et surtout le sien. Il a pour subvenir
aux besoins de sa famille, entrepris depuis une année, une
tâche aussi honorable qu'ingrate, et qu'il poursuit avec
courage. Il joue seul avec ses enfants des petits ouvrages
moraux composés par lui, et à la portée de l'intelligence
de sa fille âgée de douze ans, et de son petit garçon âgé de
cinq ans, et qui sont vraiment remarquables.

L'éducation qu'il leur donne est parfaite, nous avons pu

en juger par nous mêmes. Je viens donc vous prier d'accorder à M. Raucourt la faveur que je sollicite.

Veuillez, M. le Préfet, agréer, etc.

LEVAINVILLE, *Sous-Préfet à Marennes.*

LA TREMBLADE, 7 juillet 1852.

Quatre soirées, une à la salle de l'Ecole communale pour M. le Curé.

Lettre de ce dernier à M. le Curé de Royan.

TRÈS CHER CURÉ,

J'ai l'honneur de vous présenter M. Raucourt, artiste dramatique d'un mérite rare et tout à fait remarquable. Je l'ai vu à l'œuvre, lui et ses enfants, et j'en ai été ravi comme tous ceux qui ont eu le plaisir de les entendre, soit dans les institutions ecclésiastiques, soit dans les pensionnats et ailleurs. Si le théâtre était dirigé par ses principes, la France serait bientôt régénérée. Je suis persuadé que vous l'accueillerez favorablement et que vous l'appuierez de votre patronage.

Je vous renouvelle, etc.

DESMORTIERS, *Curé à la Tremblade.*

L'assemblée des actionnaires de l'établissement du Casino à Royan, vient d'accorder à M. Raucourt de s'établir dans l'un des pavillons pour y donner des représentations pendant toute la saison qui se prolongera jusqu'à la fin d'août.

A ROYAN, août.

Le Curé, M. Charpentier, fait une bonne réception à

M. Raucourt. Point d'Ecole communale dans le pays, partant, impossibilité de réunir les Ecclésiastiques pour une soirée, mais le bon Curé en dédommage l'artiste en lui envoyant des spectateurs.

A COZES, août t.

M. Bosson, Curé, fait aussi acte de sympathie à la petite famille ; pendant quatre fois la salle est trop petite pour l'affluence du public.

A VIZELLE, septembre.

Chez M. Dufaure, ancien Ministre , M. Lacrouze; Curé de Grézac, félicite la petite famille après l'avoir vue à l'œuvre.

Lettre de M. DUFAURE, à M. DEVÈS, Conseiller à la Cour d'appel à Bordeaux.

MON CHER AMI,

Je vous adresse un mot de recommandation pour quelqu'un qui n'en a pas besoin. Vous vous rappelez d'avoir vu au temps de notre jeunesse un acteur très estimé et bien aimé du public Bordelais, Raucourt. Après avoir fait le charme de nos deux théâtres, il est allé jouer à Paris les grands rôles de la Porte Saint-Martin. Les faillites successives des Directeurs de ce théâtre l'ont contraint à le laisser. Il se promène maintenant en province avec deux enfants charmants auxquels il apprend à jouer des petites pièces appropriées à leur âge et qui ne peuvent altérer la pureté de leur cœur. Il a été vu avec beaucoup de plaisir dans toutes les maisons d'éducation de notre département, et une représentation qu'il nous a donnée à Vizelle dans notre salon a été une véritable fête pour nous et nos enfants.

Vous êtes oncle d'un nombre si respectable de neveux et de nièces que j'ai cru devoir vous recommander cette charmante famille. Je ne doute pas au surplus qu'elle ne soit puisssamment appréciée à Bordeaux, par les souvenirs que le père y a laissés.

Croyez toujours à mes sentimens les plus dévoués.

DUFAURE.

L'INDICATEUR.

Rancourt, avec ses enfants, vient de nous donner trois représentations au Théâtre des Variétés ; la foule s'y est portée, et son plus jeune enfant, âgé de cinq ans, a fait l'admiration du public Bordelais.

Napoléon en miniature, Joli-Cœur, l'*Enfant gâté*, les *Enfants sans les parents*, ses petites chansonnettes, ont été auiant de triomphes phur ce petit comédien incomparable. A bientôt la quatrième épreuve impatiemment attendue.

—

L'Autorité de Bordeaux accorde à M. Raucourt la permission de donner des soirées avec ses enfants à la Bastide, pendant le séjour du Prince.

—

Une représentation au bénéfice de cet artiste est demandée par les abonnés et habitués du Théâtre. *L'Espionne Russe*, joué par le père, et deux vaudevilles par les enfants. Bon nombre d'Instituteurs et de Maîtres et Maîtresses de pension s'inscrivent pour cette soirée.

—

Couplet de RAUCOURT, adressé au public, et applaudi avec enthousiasme.

Je te revois, séjour de ma jeunesse,
Où bien souvent j'obtenais des bravois;
Mais aujourd'hui la voix de la vieillesse
Semble me dire : il te faut du repos.
Mais quand je pense au succès du jeune âge,
Ce souvenir vient me prêter secours;
Les vieux amis raniment mon courage,
Quand je les vois je rajeunis toujours.

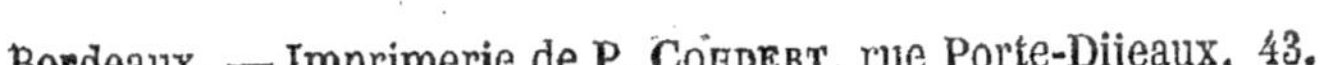

Bordeaux. — Imprimerie de P. Coudert, rue Porte-Dijeaux, 43.